シナ大陸草創の記

和人は古代のシナを最初に文明開化させた
漢という羊飼いの国「中国」

小嶋秋彦

まえがき

本書の主要名題は「シナ大陸草創の紀」という。

シナとは中国を指す。中国とは中華民国のうちから採られたという。

しかし、同地域には中原や中国と古代からの呼称があった。それらの呼称の語義は本書中に詳しく説明を載せてある。そして「シナ」についても本文中に説明がある。とはいえ、ここに初めてその呼称を耳にした方々のために説明すると、古代から揚子江方面で稲作中心に生きてきた人々の（倭人）言葉で tshjni（稲泥・水稲）の伝承の中から生じたものである。倭人は羊飼いの侵入で社会が大混乱を起し、一部は貴州省・雲南省（地方名）から、ベトナム（越南）からラオス、さらにはタイ国へと南下した。

また揚子江より東方にいた人々は韓半島へ、さらには日本列島へと移住せざるを得なかった。日本ではこの稲作と養蚕を行う人々を倭人というが、元元はシナにおける呼称であった。秦の始皇帝の兵馬俑にある兵隊たちの大きさで、四川省の倭人の仲間の身長が一般に一七〇cmだったのに一五〇cmしかなかったのに証明されるように小さかったからである。それを「倭」と表記したもので、その本質蔑視といってよいだろう。

本来「和人」と表記する方が正しいだろう。そして、これまでの研究が余りにも羊飼いたちの論説に傾きすぎており、稲作民たる和人の人々の論旨に注意してこなかったことにシナ研究の欠点がある。中には孔子のように和人の社会性や文化に評価を持ったものもあったが、それらは事々を羊飼いたちの性向と解釈し評価してしまい、和人の特性を埋没させてきてしまった。

これからのシナ研究は揚子江〔四川省を含めて〕方面の文化を評価しなければならない。特に日本の研究者は和人の人々が使ってきた倭〔和〕語について考察しなければならないだろう。その頭初として、本書では、本文やまた附録として「哈尼族語」や「彝語族語」を紹介することとした。

とはいえ本書の主命題は羊飼いである「漢族」についてである。羊飼いたちをなぜ漢族と呼ぶようになったかは本文中に説明した。世界の中国史において「黄河文明」と主張し、羊飼い文化が主流だったように広く喧伝されたが、揚子江に発する文明は七〇〇〇年で羊飼いの文明などまだ二千年足らずである。それを明白に考古学的証明したのが本書が主要な参考資料としている中国社会科学院の「新日本の考古学」である。中国共産党が建国後あちらこちらの遺跡を考古学的発掘調査し、報告したもので、最早黄河中心の文明論を展開しえなかったことを同書は明白にしている。同書は日本でも平凡社より翻訳出版されており、誰でも参考にし得る。

それに依ると、「商〔殷〕文化」はそんなに高い社会性を公けにしたものではなく羌族〔羊飼いの一派〕を宗教の名のもとに屠殺し続けた殺人文化であった。甲骨文にもその痕跡は残されている。「商」の文字にもそれが遺存されているのである。白川静はみごとにそのなぞを明白にしたものの、日本の学者にはその意義を重要視する者はこれまでいなかった。

最近中国人によって流布され始めた言葉に「中華民族」というのがある。実際のところそういうものはない。本文中の最後に、シナにおける少数民族の一覧を北京語ではあるが掲載しておいた。漢族はこれらの人々を支配してきたのである。つまり中国共産党は確実に植民地国家を形成してきたのである。これで中国はロシアと並び世界の二大植民地主義国家を成していることとなる。

目　次

序章　中国と漢

一九八〇年代中国映画「少林寺」が一世を風靡した。そのうちの一つに一九八二年の中国香港合作映画、その名も『少林寺』がある。舞台の時代は隋代末期らしいが、物語の冒頭映像の始まりにおいて少女が羊の群れを世話しながら美しい声で歌っている状景が気持良く流れていく。物語の展開をここでは関知することがない平穏な様子であるが、「少林寺」の背景に羊あるいは羊飼いが係わっているのだろうかと考えさせる。映画の英語名はまさに The Shaolin Temple とある。漢語（北京語）でも少〔shao〕林〔lin〕とその表現が同語に依拠していることを明白にしている。しかし、語義は漢語の意味からは正しく理解できない。その表音に従った sha-u-lu〔飼う‐羊‐人〕と「羊を飼う人」と「羊飼の人」とつまり「羊飼い」が背景にある。あの映画で最初に羊を飼っている状景を登場させた理由はそこにある。

この表現 sha-u〔飼う‐羊：羊を飼う〕は中国の根源に係わる言葉である。「中国」名は二十世紀前半になって「中華民国」を短縮して呼んだものというのが始まりとの概念が一般であるが、中華思想が表われるずっと以前、隋よりかなり前、紀元前の時代から「中原」あるいは「中国」との表現が歴史資料に記されている。「中」語の発音は漢語においてzhoであり、sha-u〔飼う－羊〕で「羊飼い」を表わしている。「中原」は「羊飼いの高原」、「中国」は「羊飼いの国」となる。以降その「羊飼い」の人々を他の民族を絡めながら資料に基づいて検正していくこととする。

第一章　「漢」呼称の由来

中華人民共和国の出版社が発行した「中国少数民族分布」によると、同共和国内には五十五の少数民族が居住しているという。もちろん彼等の基準で台湾の一民族も含ませている。少数民族のうち大きな地域を占めているのは蒙古〔モウコ〕、蔵〔チベット〕、哈薩克〔カザフ〕、壮〔チワン〕、苗〔メオ〕、などである。回族〔ウイグル〕は全国広範囲に散在している。その居住地は数えるのが困難なほど多い。ところでここには「漢族」は含まれていない。漢族は偽政者と支配者的と考え、少数などとは全く考えていないし、「シナ」の中心民族とみなしていて、その居住地は中国全域に亘っていて地域を特定するなどできないのである。われわれ外国の者は中国には五十余の異民族が共生しているとの認識を強く持っておくべきでしょう。

前記の通り、現在支配者的立場にある人々を漢族という。彼等はなぜ「漢」というのかその名称の由来を明らかにしておく必要がある。

（一）　項羽と劉邦

「史記」項羽本紀に次のようにある。

故音二沛公一為二漢王一、王二巴蜀・漢中一、都二南鄭一、（略）而三二分関中一秦降将一、以距塞漢王二」―このうちの一部は現代日本語字体に変えて記述している。―

同文章を新釈漢文大系の読み下し文は次のようにある。

故に沛公を立てて漢王と為《な》し、巴、蜀、漢中に王とす。南鄭に都す。而して関中を三分して秦の降将を王とし、以て漢王を距塞す。

またこれに関連する解読を「通釈」として次のようにいう。

そこで項羽と范増はひそかに相談して「巴、蜀の地は道路険難で兵を動かすに容易でない。その上、秦時代の犯罪流亡の人はみなこの蜀に居住している。沛公をこの地へ封じこめるが一番よろしい」と。そして牽強付会の語をつくって「巴、蜀もまた関中の地である」といい立て、沛公を漢王となし、巴、蜀、漢中をその領土として、陝西省の南鄭に都させた。そして、本当の関中の地は三分して、降服したもとの秦の将軍を王とし、漢王劉邦が東へ進出する道を塞いだ。

―范増は人名で、この人は項羽の軍師であった。―


また、史記「高祖本記」にも次のようにある。

項羽自立為二而楚覇王一、王二梁・楚地九郡一、都彭城一、負レ約立二沛公一、為二漢王一、王二巴蜀漢中一、都二南鄭一、

これを新釈漢文大系の読み下し文には次のようにある。

項羽自立して西楚の覇王と為り、梁、楚の地九郡に王たり、彭城に都す。約に負きて更に沛公を立てて漢王と為し、巴、蜀、漢中に王とし、南鄭に都せしめ。

これらの資料に登場する「漢中」との地名こそ、いわゆる「漢」名呼称の起りである。「沛公」とは「劉邦」、つまり漢王朝の基礎を固め国の統一を初めた始祖「高祖」のことである。秦の始皇帝が築いた国「秦」が紀元前二〇六年に滅亡するとシナ各地に覇権をねらう諸勢力が闘争を繰り返し、紀元前二〇九年に挙兵した楚の項羽と現在の江蘇省の「沛」

から挙兵した劉邦が二大勢力となり、二〇二年に項羽が峠下の戦いで劉邦に敗れ漢〔前漢〕が成立した。この両者の闘争のうち項羽が覇王として盛んであった頃劉邦は項羽の命令で漢中へ封じられたのである。

「漢中」は二十一世紀の現在も地方名としてある。陝西省の南端に「汉中」地方があり、そこから汉水が流れ始め湖北省へと流れ下っていくが、汉中は西安・長安など古代の首都がある地域の南方に位置する現在では汉中市が汉中地方の中心であるが、東隣りの安康には汉王城との町もある。劉邦が都した「南鄭」は汉中市の南に「南鄭市」があるものの汉王城とはかなり離れている。「沛公」と呼ばれた劉邦はここで勢力を溜めたのである。それ以降の歴史事件でも示されるが、漢中、蜀、巴〔四川盆地〕の地は食糧など軍備を整えるのに極めて有望な地方であった。

(二)「漢」は「漢水」の「漢地方」陝西省と四川省

上記陝西省の漢中のすぐ南隣りは四川省となっている。その四川省中にも「漢」名の地名が散在している。まず省都成都市の西方に「汉嘉郡」がある。そこには町名「汉源」とある。成都市の北側に「広汉市」がある。さらに北方には「汉旺（陽）」とある。この「広漢」名について考える。同語はいわゆる漢語読みで〔gang-han〕となる。その表記は山海経あるいは史記に表記される軒轅と同語であり、軒轅の丘は姒氏の始祖「黄帝」がいたところで、彼のいた所での彼の居所及び仕事場を「合堂」とされるが、その「広」「軒」「合」と文字は違うがすべて同義である。広漢市には三星堆遺跡という夏王朝の遺品も多く出土した重要な所がある。

（三）倭語で解釈しなければならない「漢」

上記の広、軒、合は漢語ではなく和〔倭〕語で解釈しなければ本当の由来は理解できない。和語とは、現在四川省の南端方面から貴州省、雲南省に分散している少数民族、特に彝族、哈尼族（阿尼族）、納西族などに現在も使用されている用語であり、漢語とはその発音が大部違っている。彝族にはまた漢字とは全く違う古くからの彝文字〔寨文字〕が伝承され続けている。本書においては発音のみを参考とする。漢がシナを統一する古代の一定時期に四川省の北部を中心とする全域において広く同じ発音で広がっていた言葉と思われる。その本拠地は上記の通り四川省の北部成都市北方の広漢周辺から陝西省の漢中にあったものだろう。それが紀元前二千年前からいうところの漢族の侵入に合い南方へと追い出され、雲南省の谷々などに分れて生活するようになり、別れた各地毎に訛りを生じさせ所によってはかなり異なった発音になり変ってしまっている。本書はそのような経歴を考慮し各地方の言葉の語幹に注目して理解を進めることとする。

（四）雲南省があるのだから「雲北省」は存在する

前記「広漢」の語義を和語によって解釈する。まず「広」は鳥井龍蔵の収集によるとロロ族の人々は kea, hea と発音する哈尼族〔阿尼〕族の「星」を意味する言葉に依拠している。「漢」についてはまず「漢族」名として紹介したが、哈尼族は phu-nu、彝族は hei-nga また納西族は sa-vu といい序章で説明した「羊飼い」との語義である。sha-u〔飼う－羊〕そのままと解釈されるが、前者は漢語で han、福州語で hang、福建語でも han、タイ語では hun〔雨〕となるが「雲」を表わす。よって kea-han〔広－漢〕は「星雲」となり、実態的にいうと「天の川」となる。実に「漢」は一字だけで漢語においては「天の川」の語義がある。要するにまた「漢」字で表わされた地域は「雲の地」にして「雲省」といえる。雲南省概念からして「雲北省」の地ということになる。

—※鳥井龍蔵：明治期の日本の民族学者

—吟尼族・彝族・納西族：現存する中国の少数民族名

第二章　黄河文明よりずっと古い揚子江文明

この第二章の記述は「新中国の考古学〔中国社会科学院考古研究所編著、関野雄訳平凡社一九八八年〕の記述内容によって解説する。

(一)　黄河流域で羊の家畜化がみられるのは紀元前一七〇〇年以降

同書の第二章新石器時代の6中国新石器時代の家畜のうち（2）中国北方地区の新石器時代の家畜の説明中の仰韶文化〔紀元前四八〇〇—前三〇〇〇年〕と龍山文化〔前一七〇〇—前一四〇〇年〕の比較から解釈する。

同記述のヒツジに関連した記述が以下のようにある。「仰韶〔ヤンショウ：河南省澠池県〕文化の住民が、さらにウマ、ヒツジも飼育していたと以前報告されたことがある。（中略）仰韶文化の遺跡出土のウマやヒツジの標本はきわめて少なく、それほど確実に家畜体の遺体とは言えない。ウマ、ウシ、ヒツジが龍山文化（前三〇〇〇年—前二三〇〇年）の時期に出現した家畜であるということは以前に学者の一致した見解であった。（中略）龍山文化から商代の青銅器文化出現までの短期間に中国北方地区新石器時代の出現はブタ、イヌ、ニワトリ、ウシ、スイギュウ、ウマ、ヤギ、メンヨウ、ネコの九種類に増加した」と述べ、商時代が近づいて本格的飼育が普及したと言っている。そして「中原地区では目下依然として殷墟出土の家馬が確実に疑いのない記録である。」また「鄭州西郊の仰韶文化の遺跡出土の家畜化したヒツジの骨については、その骨で作られたヒツジの骨とは言えない。したがって中原地区仰韶文化段階に家畜化したヒツジがいたかいなかったかは今後の研究の進展を待たねばならない」と仰韶文化において羊が家畜化したことに考古学的証拠がなく、それについて否定的見解を提示している。これが仰韶文化時代の総括である。

次に龍山文化時代になると状況が変わってくる。上記書の記述は言う。「山門峡市（河南省）廟底溝二期文化の遺構で出土した家畜ヤギは北方地区新石器時代の最古の記録である。城子崖のヒツジの骨は殷ヒツジと鑑定された殷代のメンヨウと同種の家畜メンヨウである。したがって龍山文化段階に既に家畜ヤギと家畜メンヨウが出現していたことがわかる」と述べ、「西北地区黄河上流の永靖県馬家湾、臨洮県の馬家窯ではともに家畜ヤギと家畜メンヨウの遺存体が出土している。斉家文化の遺跡でも多くのヒツジの骨が出土しており、既にヒツジの飼育が普遍的に行われていたことがわかる」と解説する。これらの骨の遺留について「北方地区の龍山文化においては占卜の風習が流行し始め、家畜の骨（主としてブタ、ウシ、ヒツジ、の肩甲骨）には時に占卜によって焼かれた痕跡が残されている。動物を副葬する現象も一般的にみられる」と述べ、「これらは龍山文化と関連の密接な殷代文化で発展した」ものと結論付けしている。

この「新中国の考古学」の報告される事情から解釈される事には次のようになる。紀元前三〇〇〇年まで続いた仰韶文化の時代にはヒツジは家畜化されておらず、野生のままだったと推測される。つまりその当時黄河流域にいた人々はヒツジを飼っていなかった。ましてや商（殷）時代の特徴である「犠牲」など行われていなかったのである。そこへ龍山文化の始まる前にヒツジ飼い集団が大挙して黄河流域に移動してきた。その時期は紀元前一七〇〇年頃からで、商（殷）が勢力を持ち始めた一四〇〇年頃にはヒツジを家畜として飼育する習性は大々的に定着し広がって、商王朝が成立へと進んだのである。つまり羊飼いを業とする民族集団が急激に黄河流域へ侵入してきたのであって、いわゆる黄河文明はそう古くなく紀元前一七〇〇年頃からとなる。なお、「新中国の考古学」は中国の南方地方（揚子江流域など）においてはこの新石器時代ヒツジが家畜化した考古学的遺存が全くないと述べている。因みに「中国南方地区の新石器時代の主要な家畜はブタ、イヌ、スイギュウである」といっている。

（二）　水稲耕作の遺跡とその時代

本項も「新中国の考古学」の説明を引用して解釈する。その記述は同じ第二章新石器時代の（4）太湖平原と杭州湾地区の新石器時代と文化の説明を引用して解釈する。

まず杭州湾とは揚子江の河口地帯上海市の南に広がるシナ海域をいう。そして太湖平原は上海市から南へ浙江省の杭州湾岸地帯である。大きな湖「太湖」を囲む平野で、豊かな水が潤っている地帯にしてここがシナにおける稲作〔お米作り〕の発祥地である。ここで敢えてそう断定的に言った理由は thai-nu〔稲 - 泥（水）：シナ〕という揚子江方面から四川省方面の和人〔倭人〕の表現で誠に「水稲」の語義であるからである。「揚子」も同様に e（ye）-ci〔水 - 多い〕とこの川の流域の特徴を正確に表わしている。古代の揚子江の四川省方面から山東省までを支配した王国「楚」国の「ソ」もthsi〔稲〕であるし、江蘇省の「蘇州」市名に使われていて、これも同語の音写である。ここで検討するのは「新中国の考古学」の説明する三遺跡とする。

A．河姆渡遺跡〔紀元前五〇〇五±一三〇年（BK75057）―前三三八〇±一二〇年（ZK587）〕

羅家角早期資料の始まりの上限は前五〇九〇±七三年（BK8004）

B．馬家浜文化馬家浜類型・崧沢類型〔四三二五±一七〇年（ZK201）―前三二三〇±一四〇年（ZK437-0）

C．良渚文化〔三一〇〇年―前二二〇〇年から後もしばらく続く〕

A．河姆渡文化　この文化に属する分布範囲は浙江省の寧波・紹興平原で、河姆渡遺跡はその浙江省寧波県余姚市の市内である。ちょうど杭州湾の南側で湾岸まではそう遠くない。同遺跡の発掘の経緯についても説明が載っているが本書では触れない。

稲作以前についての説明についても詳しい。先ず「河姆渡遺跡には豊富に稲種の遺存がある」と述べ同地で稲作が行われていた証明を示し、そうした稲作民の大きな集落が形成されていたとの特性を明かす。

「鑑定では籼稲〔インディカ〕亜種の晩稲型水稲の栽培種に属する。これは今までのところ中国で発見された最も早い栽培種の稲であり、またアジアにおける最古の稲米の実物資料である。同時に遺跡周辺の耕作土の下に遺存する泥炭層中で発見される水生の草木植物の花粉および関係する動物の生活習性などの面の状況を基にすると、当時の居住地の周囲は大部分沼沢地帯であり、これが水稲の栽培に有利な条件となっていた」といい、続けて「ある研究者は、中国の栽培籼稲は普通の野生稲から変化してきたもので、その後籼稲の伝播と栽培の過程中で、低温の生活環境にも適応するようになり、変更・分化が起こり、これによって粳稲〔ジャポニカ〕が出現した」としている。中国における発掘調査された稲穀の資料と野生稲の広域な分布資料からみてくると、それらはみな中国が世界での水稲起源の重要な場所の一つであることを証明している」と記述している。よって同地では野生稲・インディカ種・ジャポニカ種とも存在したのである。

それにしても紀元前五〇〇〇年頃にはすでに居住地があったというのだから、ここで稲作ができると人々が知ったのはそれよりかなり以前のことであろう。よって黄河流域に羊飼いが入り込んで彼等の文化を広め始めた紀元前一七〇〇年頃に比して較べようもない時代から揚子江流域では文化が始まっていたのである。

B．馬家浜文化馬家浜類型遺跡

同地名の所在するのは現在浙江省嘉興市で、嘉興馬家浜遺跡にその呼称はよっている。嘉興市は太湖の南東わずかの所にあり、東北側には上海市、太湖と上海市に挟まれた蘇州市は北側に接している。よって馬家浜類型遺跡は太湖を西側にした蘇州から嘉興へと省境を越えて広がっている。「新中国の考古学」は次のように述べる。「馬家浜類型が反映しているものも、水稲栽培が広くゆきわたった農耕を主とする経済生活である。崧沢では稲の茶葉・稲穀・米粒の実物が出土しており、鑑定では籼稲型に属するとしている。草鞋山〈遺跡名〉最下層の土塊中には炭化した稲穀粒が出土し、鑑定の結果では籼稲のほか粳稲もあり、これは現在までにおける中国で発見されている粳稲の中で最も古い。籼稲から絶えまない人工栽培を経て、粳稲にしだいに変化したことは水稲の栽培上で一大発展である。」

C. 良渚文化〔リョウショ〕

良渚の所在地は杭州湾の最奥杭州市の西北わずかの地である。すぐ北側は嘉興市となり、太湖へは湖州市を越えると至る。「新中国の考古学」は述べる。「良渚文化の原始農業経済はすでに相当に発達していた。銭山漾・水田畈〈遺跡名〉ではみな水稲の実物資料が発見されている。銭山漾にはたいへん広い範囲にわたって稲穀と稲米が堆積しているのが発見されており、鑑定によって粳稲と籼稲の二種が確認されている。」と稲作についてのほか同文化の特性としての『家蚕』についての説明がある。「また良渚文化の時期には、家蚕の飼育と絹織物の生産という新領域が開かれ、銭山漾から出土した絹・麻織物の実物標本は中国の新石器時代考古学の重要な発見の一つである」「絹織物には絹布片・絹紐・絹糸があり、繊維の原料はみな家蚕糸に属する。細紐の幅は約0・5cmで三〇本単位の薄絹を一〇本分けて編織し、断面が円形の細紐になっている。残っている絹の縦横の密度は四八本／cm²であり、これはまゆから糸を繰り、それから織ったもので、まゆは繊維の状態ではたいへんかぼそく、おもに縦横の紡績数を増加させることによって絹織物としての密度に達するに至った。これは中国において今までのとこの発見された中で年代的に最も古い絹織物の実物である。（略）以前から有名であるが、中国の絹織物業は世界中で最も長い歴史を有しており、それが古く五〇〇〇年前の良渚文化の時期には既にある程度の完成に達していたのである。」

少々長くなったが、重要な事項なので転載した。その要点は同文化が紀元前三〇〇〇年頃から始まったとの説明であり、しかも稲作は元より「家蚕（養蚕）」も始まっていたとの指摘である。良渚文化の範囲は揚子江の河口に近い一帯であり、家蚕がその地帯に一般的に広がっていたとの証拠である。黄河上流地方に羊飼いが侵入してきた時代より一〇〇〇年も前に家蚕が行われていたのである。当（二）での説明の中心は水稲耕作の始まりであったが、なんと家蚕も紀元前のかなり古い時代に太湖平原で行われていたとの考古学的証拠も極めて重要である。

（三）三星堆遺跡〔四川省広漢市〕の年代

本書は第一章において「広」「漢」「広漢」の説明をした。広は「星」漢は「雲」で「広漢」とは「星雲」との語義と説明した。実際その四川省広漢市にあるのが三星堆遺跡である。同市は四川省の首都成都市の北方わずかの地にある。当節項は日本著作名「三星堆―

古蜀王国の聖地〔中国名三星堆：四川人民出版社：陳徳安、二〇〇一年十二月〕」と日本語に翻訳されているので、その出土物の写真集の解説を基に紹介する。まず「三星堆」という言葉の由来について紹介したい。同遺跡は広漢市西方約七キロの南興真武月亮湾に所在する。同書によると、言い伝えとし「月亮湾の南より一キロ離れ、馬牧河〈川の名〉の向こう側の台地の上に長さ二、三メートルの丸い土堆がある。伝説によるとこれは玉皇大神が天からまいた三つの土で馬牧河の南岸に落ち、三つの星になったから古くから三星堆と呼ばれている」との伝承があるという。実際の所三つに分れた台地〔土塊〕がある。その台地を「堆」といい、同字は「丘」を表わしている。また一九二九年に私的に発掘した者があってその兄弟三人が「貯水池の底部に玉琮・玉璧・玉鐲・玉圭・玉斧・石璧の玉石類総数三四〇〇件もあることに気づいた」とある。その各名称がどんなものか説明する余有はないが、「玉石」は「玉皇大帝」名に通ずる。そして三星堆名は「三つの星」にして実際遺跡は三つの丘〔堆〕に分れているのである。短絡的にいってここは「星堆〔星の丘〕となる。この理解は大切である。なぜならば「史記」五帝本紀に載る「軒轅の丘」と本義が「星の丘」であるからである。「軒轅」は漢語で **xuan-yuan**、和語の **kea**、**hea**〔星の義〕の音写であるからである。

①軒轅　その「史記」五帝本紀の最初「黄帝」条にこの用語は登場してくる。新釈漢文大系（明治書院）の同部分の読み下し文を転載する。

黄帝は少典の子なり。姓は公孫、名は軒轅と曰ふ。生れて神霊弱にして能く言ひ、幼にして（中略）成りて聡明なり。軒轅の時神農氏の世衰ふ。（略）黄帝二十五子あり、其の姓を得たる者十四人。黄帝、軒轅の丘に居りて西陵氏の女を娶る。是を嫘祖と為す。嫘祖は黄帝の正妃為《な》り

同類のことはその他の古代資料にも記録されている。「山海経」大荒西経には「西有二王母之山一、有二軒轅台一。」とある。すでに解説したように「台」も「堆」も同義である。「大戴禮」帝繫にも「黄帝居二軒轅之丘一、娶二於西陵氏之子一、謂二之嫘祖氏一」。「淮南子」墜形訓にも「軒轅丘在二西方一」とある。「史記」天文官には「星王」名を上げ、「軒轅」に関係づけている。また大部時代の下った八八一年〔大唐廣明二年〕の「廣黄帝本行記」には「黄帝居代総一百一十年在位一百年、昇天太一君又軒轅之星備黄龍之禮在南宮之中〔注〕大禮祭天神軒轅星也」とある。

また黄帝に関することとして「合宮」というものがある。この漢音は ge-gong で、この

もその原語は kea, hea の音写で「星」である。「張衡」東京賦に「黄帝合宮、有虞総期」とあり、「綜曰、謂二黄帝明堂一、以レ草蓋レ之、名曰合宮一」とある。つまり合宮の別称を明堂ともいい、屋根を草で蓋いた建物で、ここに黄帝が住み、訪れる者に会い、政を執った堂となる。「三才圖會」には合堂の図が載り、奥が扇によって閉められ、前面に側面三本ずつの柱によって構えられた執務室といった構成になっている。「合宮」は「星の宮」で「黄帝の宮所」ということになる。

②雲〔帝鴻氏〕史記五帝本紀の舜帝紀に「昔帝鴻氏に不才子有り」との表記がある。これに関して「左氏伝文祖十八」にも同じ表記があり、〔注〕で「帝鴻、黄帝也」とある。日本の「大漢和辞典」の判断も「黄帝の號」としている。「鴻」の表音は漢音で hong となり、白川静の「字通」に「雲」の表音 huan、hiuan、hiuat、hiuat で前和語で「雲」は hun で「漢」と同じであるとご紹介したところであり、「黄」の漢音も huang で誠に「黄帝」を「雲師」という理由がそこにうかがわれる。五帝本紀に「官の名は皆雲を以てし、命じて雲師となす」とある。その語釈に「黄帝が天子の命を受けた時雲の祥瑞があった。故に官の名に雲をつけた。春官を青雲、夏官を縉雲、秋官を白雲、冬官を黒雲、中官を黄雲と

いったのがその例」とある。また「雲師」について「長官の名、百官の長を雲師といった。青雲師、白雲師のごとし」とある。

③玉皇大帝

この大帝も黄帝との暗示がある。「玉石」とは「碧」のことである。三星堆遺跡の堆について「玉皇大帝从天上撒下的三把土」とあり、その「天上」の由来は玉石がよその地から同地にもたらされたことを上記「三星堆」は述べている。それがいつの時か確認することは難しいが甘粛省の西境限に酒泉県があり玉門市がある。その名称は西隣り新疆維吾爾自治区との境界に玉門関があるからであろう。つまり「玉」は酒泉の西方から運ばれて甘粛省四川省へと運ばれて来たのである。新疆維吾爾自治区の西南端にある和田〔ホータン〕県及び和田市周辺が碧の産地で漢の時代は元より隋唐の時代にかけてその玉石〔碧〕が大量に移出され運ばれて来たことはよく知られるところである。和田の周辺には墨玉・玉龍といった玉に関係する地名も多くみられる。これら西方から玉を運んで来た人にはどんな人々であったか推論してみる。

旧約聖書「創世記」第十章にノアの子のヤフェトの子ゴメルの子として「アシュケナー

ジ」名が記されている。同語名はヘブライ語綴りでAShKNZとなる。これをメソポタミアの紀元前三五〇〇年以上の古語シュメール語で解釈するとA・Sh・K・NZと分解できる。Ash〔土地〕-K〔口＝門〕-NZ〔青い石〕となり、その語義は「青い石を運び込む土地（門）となる。「青い石」とは当時、現在のアフガニスタン最北バダクシャンに産したラベスラズリのことで、東方からメソポタミアへ運ばれたのはこの石類だけである。それは地方名に依っていて、現在の地方名でいうとイランの最西地方でメソポタミア〔イラク〕に近いケルマンシャーKermanshanからカンシャン辺りまでで同地からテヘラン地方を通ってマシュハット、ヘラトへ至る街道が古くから東方との交易路であった。

この玉石を取り扱う専門的人々アシュケナージの人々が徘徊していたといえる。そういう人々がコーカンドまで北上し狭谷に入り込みアンディサンから天山山脈の南へ出てトルファン盆地〔新彊維吾爾自治区〕へ、アカサ・トルファンを経て玉門関へ通ずる街道を開発したと推察される。

三星堆遺跡の年代について上記の資料「三星堆」は「考古学者は社会段階、文化発展度の角度から三星堆遺跡を上下両層に分け、下層文化は最も早い時期で今より五〇〇〇年から四〇〇〇年くらい前で」と述べ紀元前の三〇〇〇年から二〇〇〇年の文化とし、「上文化層の年代が下文化層より遅い、今より四〇〇〇年ないし三〇〇〇年ぐらい前で」と上層文化も紀元前の二〇〇〇年から一〇〇〇年くらい前と漢族羊飼い集団が黄河流域へ侵入してきたより古い時代に始まっていたとの判断できる時代設定を明示している。同書には「夏商王朝時期」とか中原の「夏夏族」などといわゆる漢文化とそれ以前の文化を混合させようとする意向がみえるし、「階級社会」を文化判断の規準に置いていて「世界歴史の法則」を必用に当てはめようとしていて、さすが中国の歴史家との感慨が興る。そして同文化を「高度発達した青銅と玉石器の加工業があり、多種の神霊を崇拝する主要な内容を持った原始宗教があった。三星堆遺跡晩期が古蜀民族に先駆け最も早く階級社会に入り周囲部族を統治する奴隷国家―古蜀王国が川西平野に雄居していたことを証明している。」と述べているのは流石である。

四川省にかつていたことが確かな、現在南方貴州省や雲南省へ移った民族〔和夷〕の哈尼族・彝族の言葉〔和語〕内にも現存するシュメール語の一覧を提示する。

この人々はまた本来温帯地帯型の羊飼いで、交易のため羊は貴重な役目を果すことをよく知っていた。でもこの類型に属する羊飼い達はその性格がまだ穏当で、いうならば余り乱暴ではなかった。玉皇大帝に象徴された集団はこの仲間であった。

図1　シュメール語源の阿尼語

シュメール語	阿尼語	
an　天	ɔ^{31}, u^{31}　天	
lil　風	l-e^{55}, lɛ^{55},li^{55}　風	
eš$_{10}$ 涙［雨］、Šeg$_{3}$ 雨が降る	ze^{55}, jɛ^{55}　雨	
ma　土地	mi^{55}, mɛ^{55}, me^{55}　地	
kur　山	xɔ^{55}, gɔ^{31}, kẏ^{31}　山	
guškin　金	sɿ^{55}, φɯ^{55}, fẏ^{55}, fu^{55}　金	
kug-babbar　銀	phju^{55}, fẏ^{55}tʃɿ^{55}, phẏ^{55}　銀	
udu 羊、seg$_{9}$ 野生の羊	atsi^{33}, tφi̯^{31}, atʃhɿ^{31}　羊	
uz　山羊	atsi^{31}, ja^{31}, atʃhɿ^{31}, tshɿ　山羊	
az　熊	ɔ^{31}je^{55}　熊	
ku$_{6}$, ha　魚	ŋa^{31}, ŋɔ^{31}　魚	
uh$_{3}$　蛙	pha^{31},phɔ^{31}　蛙	
uh ah　昆虫	bø^{31}, a^{31}, pi^{31}　虫	
giš　木材	ɔ^{55}tʃɿ^{55}　樹	
si　角	u^{31}tφh-o, ẏtφhi^{55}　角	
zi 小麦粉、ziz スペルト小麦	tsɿ^{33}, tsɿ^{31},　小麦	
gab　胸	ɤa^{33}, xaŋ^{31}, ɤɔ^{33}, khe^{31}　胸	
za　人	t̠sho^{55}, tshɔ^{55}, tshẏ^{55}, tshu^{55}　人	
dil（i）　男	jo^{33}, zv̱^{33}, jv̱^{33}　男	
mi$_{2}$　女	mi^{31}　女	

シュメール語		阿尼語		
ad	父	a^{31}da^{33}, ada^{83}	父	
ab	父	ɔ^{31}phɔ^{31}, a^{33}pa^{31}, ɔ^{31}py̠^{55}	父	
ama	母	a^{31}ma^{33}, ɔ^{31}mɔ^{33}, a^{55}mɔ^{33}	母	
ga$_2$	邸宅	xø^{55}, khaŋ^{55}, xu^{55}, khu^{55}	家	
sug、suku	神域	tshɔ^{31}sɔ^{55}, a^{55}saŋ^{55}, mɛ^{55}su^{55}（土地神）, sɤŋ^{31}		神
en	主	ŋ̥i^{31}	主人	
ag$_1$	愛する	ga^{31}, kɔ^{31}	愛	
uz	鳥、鴨	a^{55}dzi^{55}, xɔ^{31}	鳥	
ga, gur, gu-la	大きい	xɯ^{31}, xɤ^{31}tʃi^{55}, ŋa̠jɔ^{31}	大	
babbar	白い	phju^{55}, ba^{33}, fv^{55}, phy̩^{55}	白	
izi	火	m̩i^{31}dza^{31}, mi^{31}tsɔ^{31}	火	
mah	高い	m̩^{31}, mi^{31}	〔天〕	
ban, paŋ	弓	ka̠^{33}, khaŋ^{31}, kha^{33}	弓	
a-ša$_3$	土地、畑	dɔ^{55}ta̠^{31}, ja^{55}, jakhu^{55}	地（旱地）	
er	（目の）水	er$_2$	水	
a-de$_2$	水を注ぐ	u^{55}tφu̠^{31}, ɯ^{55}tφu̠^{31}, y̩tʃhy̠^{31}, v^{55}tshv^{31}	水	
ge$_6$, gig$_2$	夜、暗い	gɯ^{55}, kɯ^{55}	星	
l$_4$	男／人	la̠^{31}	人、族	

シュメール語		阿尼語		
bil$_2$, gibil	新しい	bɯ^{31},phø^{55}, xa^{31}	新	
gi	葦	ɣa^{31}, ɣɔ^{31}, kɔ^{31}	葦	
sar	書く	so^{31}, su^{31}, sɔ^{31}	書	
ka-še	語	so^{31}ɣa^{31}, suɣɔ^{31}, sɔ^{31}kɔ^{31}	語	
ur-gal, ur-mah	ライオン［大きな犬］	xa^{31}la^{31}, xɔ^{31}lɔ^{31}, lɔ^{31}mɔ^{35}	虎	
za$_2$-an	錫（鉱）石	tshi^{55}nɔ^{31}, ɛ̱^{33}, φi̱^{31}, sʅ^{35}	錫	滇［dian］（独）zinn（英）tin
ku-an	［金属－錫］錫鉱			甘［gan］┐甘粛《かんすう》（省） 粛［su］┘錫鉱石
za$_2$	石			
an	錫			元［yuan］［げん］雲南省滇の地称
uh ah	昆虫	bø^{31}, a^{31}, pi^{31} ◎哈尼族の「哈」、阿尼族の「阿」		
si	目	姒民の「姒」、納西族［彝族の別称］の「西」		
u	十	夏王朝の祖「禹：う」		
igi	目	彝族の「彝：イ」、「夷［彝族の別称］」、「羲：ギ」		
ša-bal	子孫	「公孫」の「孫」に当る		
un	国民	ȵi^{31} 人・族、阿尼族・哈尼族の「尼」、納西族の「納」		
nin	貴婦人、女王	ȵi^{31} 人・族、阿尼族・哈尼族の「尼」		
ziz	蛾	tsha^{31} 蠶［蚕］、西陵の「西」、成都の「成」		
lu	羊	梁州［禹貢］の「梁」、「六番」の「六」：羌族		
mul	星	mul 星		

シュメール語		阿尼語	
ku-an	［金属－錫］錫鉱		甘［gan］、元［げん］元［yuan］雲南省滇の地称
an	錫		
za_2	石		粛［su］：甘粛（省）錫鉱石
sag_4	王	詔	六詔・南詔［zhao］

中国少数民族簡史集表哈尼語簡史

図2　シュメール語源の彝語

シュメール語		彝語		
kur	山	kù, kè	山	
ma	土地	mi, me, ma	地・地方	
am	野牛	ān, āni	牛	
mah	大きな、高い	me, ma	大	
ki	土地	gù 地、xì 地方		
ċa	石	wā	岩・岩石	
še	大麦	shā, zì, shè	麦類	
en	主	ní, nǐ	神	
giš	木材	zì, zǐ	樹	
barbar［babbar］	白い	fū, běi	白い	
kug-babbar	銀	fu	銀	
uz	山羊	a̱ché, āchí, ācí	山羊	
ku_6=ha	魚	áng	漁	
$eš_3$	家・屋敷	jì	家・家屋	
za	人	zá	族［人］	
a	水	è, yǐ	水	
gi	葦	gù, kāi	葦	
gu_4	雄牛	wu	牛	
dumu	子供	zán, zan, zhi	児子	
guškin	金	she, shè	金	
šen	燕	shā	燕	
ka_2	門	ākè	門	
am	母	mā, mǔ	母	
ka	口	qiē	口	

シュメール語		彝語		
az	熊	āé	熊	
$rì_2$	村	lǐ［星］	住地	
er_2	（目の）水	èr	水	
gur, gal	大きい	kū	大	
mis, mez	主人	sì·mā	主・首領	
a~de_2	水を注ぐ	èci, èduō 出水，ēdu 水井		
ge_6	夜	gaǐ, gě	星	
lu_2	男／人	lā, la	人・族	
bil_2: gibil	新しい	hā, hēi	新	
ur-mah / ur-gal	ライオン［大きな犬］	lā, là	虎	

「云南彝族社会歴史調査」云南省編輯組編、云南人民出版社、1986年
「云南巍山彝族社会历史調査」　同

(四) 黄河上流の馬家窯文化

①馬家窯文化の地域と時代

当分析も「新中国考古学」に拠る。同書は述べる。「黄河上流は中国の原始社会の考古学的研究にとって重要な地域の一つであり、古代文化遺存を非常に豊富に埋蔵している。解放後三〇年余になり、この地域で多くの調査と発掘が行われた。不完全な統計ではあるが、発見された馬家窯文化の遺跡は合計で四〇〇か所以上になり、発掘調査した各類型の住居は五〇軒余り、貯蔵穴と窯址は一〇〇基余り、墓は一六〇〇基以上になり出土した各種の文化遺物は約六万点にもなる。研究のための豊富な資料が蓄積されている。」上記に記載されている事から明確に判断しておかないとならない諸点がある。まず「黄河上流」といっても陝西省のいわゆる中原〔中国〕の西安市周辺ではないことであり、当文化をいうところの「黄河文明」に入れることはできないことである。確かに同文化の中心たる蘭州市は甘粛省内で西方の青海省から流れ来る黄河の西岸にある。その青海省の蘭州に近い西中市の東隣りの平安・東都といった町々もこの文化の遺跡が集中している地域である。とはいえ同文化は「黄河」文化とは全く異なった文化で、その担い手も全く異なっていて西方の民族の同質性もないと判断されている。

「新中国の考古学」によると、一九六〇年代の調査でこの馬家窯文化は大別三層の類型が下から上に重なっているという。それをC年代測定によると次のようになる。

廟底溝型　紀元前三九一〇±一六〇年

石嶺下類型　紀元前三八一三±一七五年

馬家窯類型　紀元前三一〇〇±一九〇年

また、一九七〇年に入っての調査の結果同類型の分布範囲は「広大で東は涇水、渭（渭河）河上流から西は黄河上流の龍羊峡付近に至るまで、北は寧夏清水河流まで、南は四川省岷江流域汶川県地区に達す。この広大な地域の中で、調査により判明している馬家窯類型の遺跡は全部で三〇〇か所以上である」と報告されているという。

その分布が四川省の汶川県に至ったとの事実は重要である。本書当章（三）で説明した三星堆遺跡は同地と一致しているからである。それにしてもこの馬家窯文化も「黄河文明」より一〇〇〇年以上先を行く古いものである。

馬家窯文化の特徴は何といっても製作された土器の意匠と彩陶であった。「新中国の考古学」はいう。「土器製作も発達し統計では発掘で出土した完形品は二万点以上になり、その数の多さは他の原始文化に比類ないものである。」「彩色文様は絢爛多彩で当時の土器製作の発達と高度な工芸技術を反映している。彩陶はかなり大きな比率を占める。土器の上半には一般に赤色ないし赤紫色のスリップがかかっている。彩土は黒色が主で、黒・赤二色のものもある。彩文の主な文様には幾何学文、人身文ないし面文・蛙文などがある。」そのような彩陶の例として青海省東都市柳湾の遺跡番号M五六四の馬廠類型副葬品の土器には数の多さもさりながら、文様も十字紋や井形文が特徴的に多くみられる。これら多くの壺形土器類は墓の中から副製品として出土しており、彩陶の使用目的を考えさせる。

(五)　黄河中流域の仰韶（ヤンショウ）文化年代

彩陶が出土した遺跡として馬家窯遺跡より黄河のかなり下流になるが仰韶文化について記述することとする。「新中国の考古学」の紹介をまた転載する。「仰韶文化は一九二一年河南省澠池県仰韶村で最初に発見され、名称はそこからとられたものである。新中国が成立するとまもなく大規模な基本建設の計画に応じてまず最初に黄河中流地域において考古学の一般調査が進められた。それ以後この三〇年間に報告された仰韶文化の遺跡は既に一〇〇〇か所を超えるまでになっており、その分布範囲はほぼ明確にされている。この遺跡は主として陝西省の関中地区、河南省の大部分の地域、山西省南部、河北省南部に分布、遠くは甘粛省・青海省の省境地帯オルドス地区、河北省北部、湖北省西北部においても発見されている。」「これらの遺跡の絶対年代についてはこれまで六つの年代測定値が公表されている。李家村の試料ZK169は紀元前二二四〇±九十五年（未補正値）。北首領下層のZK519は紀元前四五一五±一二〇年、補正して紀元前五一五〇年、同ZK534が紀元前の四三七五±一二〇年、補正して紀元前五〇二〇年、秦安大地湾の二つのデータは一つが紀元前四七八〇±九〇年、補正して紀元前五八五〇となっている。（略）これらの諸遺跡の年代が早いものは紀元前五八〇〇年以前にさかのぼり、遅いもので紀元前五〇〇〇年前後に相当する」「最近二〇年間の仰韶文化研究の中でさまざまな理化学的な手段が利用されてきた。その最も効果的だったものとしてはまずC〈炭素〉による年代測定がある。その大量の年代データによって仰韶文化は紀元前五〇〇〇年前後に始まり二〇〇〇年にわたる発展を経過したのち、おおよそ紀元前三〇〇〇年ころ別の文化の段階へと移ったことが明らかにされた。」といっている。これらの報告が一九八八年以前のものであることを確認しておく必要があろう。この編年記述を史記などに載る政権経過で解釈してみたい

①紀元前五〇〇〇年前後に始まる（あるいは紀元前四〇〇〇年ころ初期仰韶文化）

この文化は「史記」五帝本紀の最初の記述「黄帝」の書出し「黄帝は少典の子なり」とある「少典」に係わる文化である。「少典」の漢語の発音は Shao-Dian となる。同語を和語〔倭語〕で解釈すると Zuo-ti〔生ずる - 雲〕となり「雲を生ずる」との語義となる。同概念は黄帝の時期の官名に「縉雲」や「雲師」とあるのに対応できる内容である。雲を生成するとはまた「雲を出す」との自然現象で do-zi、de-thi、do-tie などに変化・訛っている。この思念はまた「竹書紀年」黄帝軒轅氏の一条に通ずる。同書には次のようにある。

母曰附寶見大電続北斗樞星光照郊野感而孕二十五月而壽丘

ここにある「大電」とは「稲光」を差す。つまり稲光と北斗星の光をみて妊娠し、黄帝軒轅を生んだというのである。和語における「雷」は彝語で tsl、dzl また哈尼語で dzi、 dze、tʃi、tshv、tɸhi との採集があり、ほとんど「生ずる」の shao や zuo と近似あるいは同語といってよいだろう。よって「少典」はまた「雷雲」でもある。「縉雲」の「縉」の語義は「赤い帛」ではあるが、また単に「赤（うす赤色）」としても使用され、まさに「稲光（雷光）の赤味がかった稲光」に対応する用字である。

②紀元前三〇〇〇年ころ（あるいは紀元前二五〇〇年ころ〜）

この文化的変化に関係しているのは「夏」の開祖禹である。史記「夏本紀」の初頭に「夏禹は、名は文命と曰ふ。禹の父は鯀と曰ひ、鯀の父は帝顓頊と曰ひ、顓頊の父は昌意と曰ひ昌意の父は黄帝と曰ふ。禹は黄帝の玄孫にして〜」と新釈漢文大系は訓み下しているが、夏禹が黄帝の系列にあることは示されている。また五帝本紀第一には「帝禹を夏后と為す。而して氏を別して姓は姒氏」とある。その系図からすると黄帝から七代帝の後に誕生してきたと示されており、かなりの時代が過ぎてから帝位に昇位したものと推測される。誕生伝承については若干の資料を羅列しておく。唐の時代の「史記正義（張守節撰）」には「身は九尺二寸長あり、本西夷人也」とあり、「大戴礼」は「禹本汶山郡廣柔縣人也、五紐に於いて生まれた。」「括地志」が茂州汶川縣石紐山」といっている。このうちの

「本西夷人」とは唐の開祖に近い者として「西夷人」の呼称を上げたものと推測される。西方の出で漢人ではないと決めつけている。漢の時代の資料「華陽國志」の蜀志において「廣柔縣郡西百里、有石紐郷、禹所生也。夷人共營其地」とある。「蜀王本紀」も「禹本汶山郡廣柔縣人也、生於石紐」とある。この汶山郡廣柔縣石紐郷とは哈尼〔阿尼〕族の故郷にして黄帝の正妃縲祖の出生地といってよい。それらの事由により夏禹も黄帝を祖とする姒氏にして拙著「日本創世記」において説いた「姫氏」の族類に属する者であった。

「禹」の語義について考察する。白川静は「字通」において「禹・ウ・むし・虫十九・九は竜の形、雌雄の竜を組み合わせた形」と説く。これは紀元一世紀の「説文解字」十四下に載る同字を「蟲なり」としているのに則っているようだ。その字体は甲骨文字体でとなる。そこで史記「夏本紀」最初にある夏禹の名「文命」を和語〔倭語〕によって解釈してみる。「文命」は漢語発音で Wen-ming という。その「文 Wen」は「汶山」の汶、また「命 ming」は「岷山」の岷といずれも四川省西北部の黄帝や縲祖に係わる。さらに「禹」字の解釈を背景とすれば、「文 Wen」は哈尼語で「虫」を表わす bopi、彝語の buvi と同音である。「命 ming」は「尾」を表わす哈尼語の mi、me、彝語の me、mo であり、「bu（文）mi〔me〕は「虫—尾」であり、「尾のある虫」で実際は哈尼語で o、ɯ、彝語の bu

と表音される。「蛇」のことである。よって⺕〔禹〕字は白川静がいう「竜」の本体「蛇」字ということになる。

さて「書経」禹貢には最初の文句として「禹土を敷き山を隋ち木を刊り、高山大川を尊む」とある。これを新釈漢文大系は「禹は〔耕〕地を布きつらね、山を墮《きりくず》して〔水路を開き〕木を刊《き》り〔倒して水流を通じ〕、高山の鎮まる所〕を定めて中国の水土を治めた。」と通釈している。そして第一節つまり禹が最初に取り組んだ土地として「冀州」としている。「その文句」は「冀州は既に壺口を載め梁及び岐を治む。既に太原を修めて岳の陽に至る。覃懐は底を積し、衡漳に至る」とする。この通釈は「冀州〔山西・河北省及び河南の〕〔禹は〕すでに壺口山を治めてから梁山〔陝西省韓城県南〕と岐山〔狐岐山：山西省介林県〕を治めた。またすでに太原を治めてから岳山〔霍山：山西省〕の南に至った。〔これによって〕覃懐〔の地方〕が遂に〔水土平定の〕功を収め、東西に流れる漳水に至るまでの間に〔耕地が開いた〕とある。

これによると、禹貢の勢力は冀州を最初として拡大していったと解釈できる。冀州は「キシュウ」といい、この「禹貢」によって「古の九州の一」とされている。同地方は新釈漢文系がいうところの現在の河北省・山西省両省及び河南省の黄河の北方となる。これは大漢和辞典の説明である。このうち山西省の連城郡、ちょうど黄河が北方より南下して来て東方へ曲折する地点にある。黄河を挟んだ陝西省にはあの黄帝の最後の地とされた黄龍などの地方が広がっている。运城の地域には現在でも「禹王」「夏県」「夏墟として知られる安邑」や「虞郷」などがある。また仰韶遺跡（阿南省の三門峡市のさらに西方黄河の山西省側に大禹渡の地名があり、禹の本領が河南省側にあり、ここらから山西省側へ渡って行ったとの推測を興させている。「梁山」はその北側、現在呂梁山と称されている。「呂」は和語での lug の音写で「山」を語義とするので「梁山」名は妥当で、「太原」はその梁山の東側、現在太原市となって地理的に山西省の中央の地点にある。同地はかつて大夏とか夏墟とも称されており、「夏王朝」との関係を示している。

③紀元前二〇〇〇年ころ〔あるいは紀元前一七〇〇年ころ〜〕

ここに登場してくるのが寒冷地帯型羊飼いたちで、第一章などですでに説明した「漢族」である。彼等はアルタイ山脈の東麓からゴビ砂漠周辺の草原にいた遊牧民である。

第三章　寒冷地帯型羊飼い〔アルタイ山脈東麓ゴビ砂漠から南下した人々〕

（一）　アルタイとゴビの語義

史記「五帝本紀」に載る「契為ㇾ商姓子氏、弃為ㇾ周、姓姫氏」とある。「姫氏」の「姫」字と「姫」字との相違とその背景にある氏族的由来については拙書「日本創世紀」に分析紹介してあるのでそれを参照していただきたい。同書で述べた商（殷）〔ショウ〕と周〔シュウ〕の語源について sa-u〔飼う－羊〕と紹介し語源が同一であると紹介した。

（二）　黄河流域における羊飼い

「ゴビ砂漠」名についても gab〔胸〕の引用であり、甲骨文字の「周」と同義との見解も述べてある。その「胸」は「胸当て」によるもので牧畜氏の盾を表わす。

ところで紀元前二〇〇〇年頃現在の岐山方面から渭河流域へ涇（姫）水流域をオルドス方面から侵入して来た羊飼いの実情はほとんど解らない。しかし推測はできる。まず西安市を中心とする地域が中原〈ちゅうげん〉といわれるようになった。その「チュウ（中）」の起りも sha-u〔飼う - 羊〕であろうし、現在の中国名は中華民国を基礎とするが、古代に用いられた「中国」は中原の別称で、その語は中原の同類で「羊飼いの国」となる。西安市の南方には「商洛」との地名がある。同地は秦岭高原の東部分で、「洛」は和語の表わす lug の音写で、前にも紹介した。この高原地帯は羊を飼うのに適した地方であったに違いない。「商」名は河南省の山東省との境界へと移り丘陵地帯でもないのに「商丘」となり「商（殷）王朝の興りの場となった。商王朝が成立したのは紀元前一四〇〇頃とされている。因みに同王朝を「殷」というのは、同国の宰相伊尹《いいん》によって国内の物流が盛んになって殷賑《いんしん》を極めたため「殷」と呼ばれるようになったものである。

シナ大陸においてはその後この「羊飼い」に係わる呼称が広がった。その漢族を現在少数民族〔和人〕たちは何と呼んでいるのか確認しておきたい。彝族の一部では xa-pa-sa-phu と呼んでいる。xa-p は明らかに gab の変化であるし、sa-phu は sha-u の変化したものだろう。彝語支の納西族においても xa-pa といい漢の国名を sa-vu といい、「羊飼い」そのものということになる。また東方の一部福建省においてさえhā-bōとgabの変形した用語だろう表現が使われている。

(三)　史記「殷本紀」「周本紀」に載る羌族〔羊飼い〕

史記「殷本紀」の初めに「殷の契は母を簡狄といふ」とある。簡狄の「狄」字は北狄など慣習的にも使われるように北方の夷族ないし蛮族との語義があり、誠に北方ゴビ砂漠方面から出派って来た人々の通称に適しい。また「周本紀」には「周の后稷《りょう》名は弃、其の母は有部市の女なり。姜原と曰ふ」とある。「姜原」の「姜」は「女の羊」の語義で明らかにこれも「羊飼い」が本義である。このように殷（商）も周もその祖族が羊飼いと深い係わりを示している。

(四)　甲骨文字「商」と商国の宗教政策

諸橋轍次の大漢和辞典は紀元一世紀の「説文解字」が「商、従レ外知レ内也」とあるのに従い「外から内を知る。明らかにする」との「はかる」と説明する。白川静の「字通」は解釈を深めて「辛と冏と口とに従う。辛は把手のある大きな針器入墨に用いるもの。冏は台座の形。口は𠙵で祝禱《しゅくとう》を収める器の形、台座の上に辛を樹て、その前に𠙵をおいて祈り、神意を問う意であるから商《はか》ることを原義とする。古代王朝としての商はその神政的な支配を示す国号であったと思われる。神意を問うことを原義とする。」といっている。

つまり「商」字の中にこの王朝の宗教的政策の本質が表現されているとの見解である。「史記」殷本紀には湯王が夏王朝を滅亡させて信教をどうするかの考慮の時点のこととして「湯既に夏に勝ち、其の社を遷さんと欲す。不可なりとして「夏社」を作ったとある。夏の宗教を書物に記録として残し一般には封鎖したとの説明である。つまり殷〔商〕はそれまでの夏で行われていた祭儀を踏襲しなかったのである。そして神〔帝〕に対する問い掛けは王の専権事項とした。これがこの王権の特徴であり、夏の時代庶民が行っていた祝祭は禁止されてしまったとの変更がこの短い文節の中には込められているのである。「社」というのが宗教の祭儀の仕方を示す用語である。新釈漢文大系の同節句の通釈を転載する。

湯が夏に勝つと、群臣は夏の社を商の地に遷そうとのぞんだが、湯はいけないとしてその意を述べた「夏社（逸書）を作った。その語釈は「社」を「その国の土地の神を祀る所」としている。

「逸書」というのは、もはやどこにもなく、どういう内容であったか全く解らないという現状を言っている。殷王朝は紀元前一四〇〇年頃あるいは一三〇〇年頃王朝として形を成したと推測されている。そして諸説あるが一〇二七年頃〔一一二二年か一〇六六年まで〕まで続いたとされている。同王朝下一四〇〇年頃から青銅器が作られ始め、一三〇〇年頃には安陽〔河南省※〕に都遷され甲骨文字が刻まれた亀甲が増えた。それも二十世紀後半、新中国になって詳細に解ってきたとの事情も注意しておく必要がある。ただ卜占の風習は紀元前一四〇〇年以前にもあったらしい。といってもその時期は一七〇〇年から一四〇〇年の間の頃であった。

※最北殷墟の地

（五）　商王朝前の卜占の実例〔仰韶文化姜寨遺跡〕

仰韶文化の後半においての墓地と葬制について「新中国の考古学」は集団埋葬の実例をかなりの数紹介している。ここで特に取り上げ様子をみるのは姜寨遺跡である。同遺跡は陝西省の西南部で渭河より南側に位置する。河南省へ西安市から向かう途中に集中している。「姜寨遺跡は面積が約五万五〇〇〇㎡あり、一九七二年から七九年にかけて前後二回の発掘が行われた。発掘面積は一万六〇〇〇㎡を超え、（略）いっそう完全な一つの集落遺跡が掘り出されている。居住区の周囲には、やはり姜寨でも集落を防備するために幅・深さ各二mほどの二本の周溝が掘られていて、その東側部分に外部との通路を残している。周溝の外側東北部と東南部には三か所の墓地があり、合わせて一七〇基以上の成人の墓が発見されている。「一般に（略）姜寨にみられるような集落の構成は複数の氏族集団の合わさった部族の居住地であろうとされている。これらがそうした複数氏族の集落址であるにせよ、あるいは単一の氏族からなる集落址であるにせよ、どちらにしてもそこにはきわめて具体的に氏族制度に特有のある種の集団団結の求心性が表現されてることは確かである。」埋葬地の特徴は二か所、一つは居住区内、もう一つは居住区外、前に述べた周溝外の墓所とは大きく差がそこにはある。居住区内の墓はその集落の一族の墓と目される。しかし周溝外の墓は土壙墓が多く、しかも集団〔複数被葬者〕埋葬の墓となっており、明らかにそこには差別扱いが明白である。

(六)　商国を滅した太公望呂尚〔姜氏：羌族〕

ゴビ砂漠からオルドスを経て涇水流域を南下した羊飼いたちは「卜占」の習慣を中原に至る前にすでに持っていたらしい。仰韶文化のうちとされているが、姜寨遺跡や華陰横陣遺跡からはかなりの数の人間埋葬墓が発見されている。それも同一墓の遺体数が複数なのである。本来犠牲として神に献げられるのは動物で牛（牡牛）、羊、シナで特徴たる豚である。しかし、この黄河流域においては人間が屠殺されたのである。南商の時代の甲骨にも「この度は羌族（人間）をどのくらい（何人）献げたらよいのか」との卜占文句が刻まれてたものがかなりある。商の羊飼の権力者は国の成立以前から、人間屠殺の習慣があったのである。そして紀元前一四〇〇年頃の商王朝の成立後もそれは頻繁に継続されたのである。それは紀元前一〇二七年の西周が商王朝を滅亡させた時に止んだ。なぜ羌族が犠牲にされたのか。羌族も本来羊飼いであったから「羊」の連鎖的思想から羊を狩るのと同じにその羊飼いたちが集められたのだと推測される。羌族の総大将だった呂尚は何とか仲間が商王朝によって殺害されるのを停止させるため、岐山辺りにあった周の文王となる「昌」と謀ったのが商王朝の終焉と周王朝の成立へとなったのである。呂尚は羌族の一派である姜族に属していた。史記「斉太公世家」はその最初の節でいう。「姓は姜氏、本姓は姜氏、その封に従ひて姓とす。尚はその後の苗裔なり。その封に従いて姓とす。故に呂尚と曰ふ。」とある。「太公望」との呼称について「大公世家」はいう。

呂尚《りよしやう》は、蓋《けだ》し嘗《かつ》て窮困《きゆうこん》し、年老《としお》いたり。漁釣《ぎよてう》を以《もつ》て周《しゆう》の西伯《せいはく》に奸《もと》む、西伯將《せいはくまさ》に出《い》でて獵《かり》せんとし、之《これ》を卜《ぼく》す。曰《いは》く、獲《う》る所《ところ》は、龍《りよう》に非《あら》ず、彲《ち》に非《あら》ず、虎《とら》に非《あら》ず、羆《ひ》に非《あら》ず、獲《う》る所《ところ》は、覇王《はわう》の輔《たすけ》なり。是《ここ》に於《おい》て周《しゆう》の西伯獵《せいはくかり》す。果《はた》して太公《たいこう》に渭《ゐ》の陽《きた》に遇《あ》ふ。與《とも》に語《かた》りて大《おほ》いに説《よろこ》び、曰《いは》く、吾《わ》が先君太公《せんくんたいこう》より曰《いは》く、當《まさ》に聖人《せいじん》有《あ》りて周《しゆう》に適《ゆ》くべし。周以《しゆうもつ》て興《おこ》らん、と。子《し》は眞《まこと》に是《こ》れならんか。吾《わ》が太公《たいこう》、子《し》を望《のぞ》むこと久《ひさ》し、と。故《ゆゑ》に之《これ》を號《がう》して太公望《たいこうばう》と曰《い》ふ。載《の》せて與《とも》に倶《とも》に歸《かへ》り、立《た》てて師《し》と為《な》す。

この節句の西伯とは文王のことである。また「太公」とは文王（西伯）の先君（文王の父）である「季歴」をいう。またこの次節において「呂尚の周に事ふる所以を言ふこと、異なりと雖も、然も之を要するに文・武の師為り」とあり、周本紀にも「武王即位、太公望を為師」とあり、太公望呂尚は初代文王ばかりでなく次の王武王の「師」ともなったことを明らかにしている。「師」について史記の語釈では「尊んで呼ぶ称」としている。続く節句の中では「師尚父」として「集解」を参照し「之を師とし、之を尚（たっと）び、之を父とす」とある。現在の言葉でいえば、その語義は「相談役」で、また現代人にもっと理解しやすくいえば、運命を担した「コンサルタント」といった呼称である。周王家はその運命の開闢を呂尚にまかしたことになる。呂尚が周に属するようになったことについて「斉太公世家」も「呂尚の周に事ふる所以を言ふこと異なりと雖も然も之を要するに文武の師為り」と前に引いた文章の前に述べている。それを新釈漢文大系は通釈で「呂尚が周に仕えるようになった説についてはいろいろ異なる」とある。釣のついていない糸を川に垂れ文王となった西伯との縁を待っていたという前の引用は真実とはいえないというのがその由来といえよう。呂尚は河南省の澠池遺跡の東方後に詳しく述べる洛陽市の東南方にある崇山の南にいたという。そこは陝西省から続く商高原の連らなる丘陵地帯で、それは許昌郡まで続く高原の東端で「羌」という羊飼いたちが生活するのに適した地帯である。「許昌」名は漢音で ka-chang という。これは和語でいえば ku-śa のことで「牧夫」の語義である。その内容は羊飼いたちをいうもので「羌族」に適しい。

史記「斉太公世家」の前記引用の中で「周の西伯猟す。果して太公に渭の陽に遇ふ。與に語り大いに説び～」とある。渭の陽とは「渭河の北側」との語義になるが、「渭河」は甘粛省が水源で天水市北面から陝西省に入り宝鶏市から岐山の南を流れて西安市や長安を経て北方より流れ来る黄河と山西省との境で合流する。「渭の陽」とは西安市の北方涇河と合流する渭河北岸辺で会ったものと推測される。この辺はいわゆる羌族の本拠ともいうべき地帯である。次の（七）西周と東周の内容を考慮しても周の文王となった西伯と呂尚の会合は偶然の事とはいえない、誰かが計画したものとしか考えられない。

(七)　西周と東周

(A)　西周

①岐山の麓（岐周）

史記（周本紀）はいう。

古公亶父（略）乃ち私属與に遂に豳《ひん》を去り漆・沮を渡り梁山を踰え岐下に止まる。豳人国を與げて老を扶け弱を攜へ盡く復古公に岐下に歸す。

これについて「通釈」は記す。

古公亶父は一族と従者をつれて豳を去り漆水や沮水を渡って陝西省の梁山を越え、岐山の麓に止まり住んだ。豳の人々は国中こぞって老人を助け、幼少のものを引きつれて悉くまた岐山のもとへいって古公に帰属した。

岐山の位置は陝西省の東北にあるなどと大漢和辞典などは説明するが、これでは確かな様子が解らない。二一世紀始めの今日の地理で説明すると、前節の続きということになる。その際分析した記述で推測できるが、岐山は渭河の北〔陽〕にあり、かなり甘粛省との省境に近く、宝鶏市によって隔てられてといった地域にある。

「大平御覧」が「岐山亦名㆓天柱山㆒」などとある。「地理通繹」には「岐山在㆓鳳陽府岐山縣東北十里㆒、亦名㆓天柱㆒、（略）周大王所㆑邑、文王始亦治焉」とある。つまりそこは「岐国」といわれる地を含んでいるのである。文王が初めて邑を置いた地となる。ここは誠に羌族が跋扈していた地方である。孟子「離婁下」には興味ある記述がある。「文王生㆓於岐周㆒、卒㆓於畢郢㆒西夷之人也」といい、文王は本来の黄河辺りにいた者ではなく、「西夷の人」、つまり西方から移り住んだ者だといっているのである。本書がずっと展開しているところを孟子は早くも指摘しているのである。文王のいた土地をまた「岐趾」という。その意味は「岐山のふもと」である。そこには「岐社」があった。それは「文王の領地の社」であり「土地の神を祭っ」ていた。それは商〔殷〕とは異なった神であった。彼等独自の神で、社は「赤」を基調にしていた。「墨子」非攻下には「赤鳥銜㆑珪降㆓周之岐社㆒」とある。

②豊　周の国はその地が西方に位置し、すぐ西方には犬戎などの胡族の遊牧民が迫ってい

たので常に彼等と戦う運命にあった。そのため文王の時代のうちに「豊邑」へ移らざるを得なかった。「斉太公世家」には、文王〔西伯〕は太公望と結託した後には彼太公望を対商国〔殷〕に対する謀略の宗主〔首謀者〕としていたという。新釈漢文系はいう。「後世、兵法と周の陰密のうちに行った権謀を論ずるものはみな太公を宗主として首謀者としている。」そのような謀略は西方の遊牧民にも向けられたのであろう」続いて「文王、崇、密須、犬戎を伐ち」と彼等の征伐を進め、隙をつくり、大いなる都豊邑を作ったとある。豊邑は現在の陝西省西安府鄠県の東と新釈漢文大系は説明する。大まかにいって西安に移ったということになる。この周辺には前出の「崇」という種族集団がいたらしい。よってその征服地へ西方岐山から少々東方の豊邑へ移ったといえる。それだけ周囲の政治的勢力が拡大したということになろう。その後文王は崩じてしまい、武王がその位を継いだ。武王の代になっても太公望は「師父」であったことに変りなかったことは既述した。

③鎬　ここが武王の代になって都した地で、また宗周あるいは西都ともいわれた。その位置は長安縣の西南で、紀元前一世紀の辞典「説文解字」には「鎬、武王所レ都、在二長安西上林苑中」とあり、大まかに「長安に都を作った」といってよいだろう。「鎬」の意味

について周の北方地方を概念とするという。この時代は紀元前の一〇二七年で、ここから正しくは周国が始まったことになる。その理由は武王が商〔殷〕国を滅亡させたからである。そして西周は紀元前七七一年まで継続した。

（B）東周

①雒邑〔洛邑〕

そして武王も去って「後の裔に位は継がれていったが、荘公の二十四年に「犬戎、幽王を殺し、周東して雒に徙る」と斉太公世家は記す。この事件については周本紀にも記述がある。史記「周本紀」は記述する。

幽王烽火を與げて兵を徴す。至るもの莫し。遂に幽王を驪山の下に殺し、（略）盡く周の賂を取りて去る。是に於いて諸侯乃ち申侯に即きて共に故の幽王の太子宜臼を立つ。是を平王と為す。以て周の祀を奉ぜしむ。平王立ち、東して雒邑に遷り戎の寇を辟く。平王の時周室哀微し、諸侯彊きは弱きを并せ、斉、楚、秦、晋始めて大なり。

この文章を新釈漢文大系の通釈は次のように訳して解釈する。

（略）また申后妃を廃し、その子の宜臼を太子から斥けたから申侯は怒って、繒、西夷、犬戎とともに幽王を攻めた。幽王は烽火を挙げて寇の来攻を告げて諸侯を集め、兵を徴したが一兵も集まってこなかった。申侯らは遂に幽王を驪山の麓で殺し、周室の宝物をことごとく奪い取って引き上げた。こうなったので諸侯らは申侯につき従ってともに前の幽王の太子宜臼を立てた。これが平王であって周の宗廟の祭祀を奉じ行わせたのである。平王が即位すると東かた雒邑に都をうつし、戎狄の来寇を避けた。この平王の時に、周室は全く衰微し諸侯の中の強者が弱者を併呑して、特に斉、楚、秦、晋がようやく強大になり、政治は諸侯の旗頭によって左右されるようになった。

これが西周の消滅し、東周が始まった経緯である。その年が前述のとおり紀元前七七一年で、都が雒邑（洛邑）に遷された。「雒邑」は現在の洛陽である。これからの東周時代を春秋時代というが、また引用文の終りでもうかがわれるような覇者の台頭から覇者時代とも称されている。東周は西は甘粛省から東方シナ海岸の山東省まで、北は今でいう東北地方から南方の揚子江の南特に越に至るまでの広い地域で覇者権争いが展開され、紀元前四〇三年から秦の始皇帝が全国を統一する二二一までの後半を戦国時代として武力対立の時代は続いた。周の勢力は次第にせばめられ、紀元前四・三世紀頃には中原のうちでも洛陽付近、黄河の南側わずかに限られてしまった。しかもそのせまい地域でまた東周西周と分かれ競ったのだから始末が悪い。実際のところ東周の周室が秦によって滅ぼされたのが紀元前の二五六年で、国としての完全な滅亡は紀元前二四九年であった。この時代「諸子百家」という文化の振興があって、いわゆる〝中国文化〟はこのあたりから始まったものである。

第四章　シナの最古文明は「黄河文明」にあらず

二十世紀までの中国に係わる歴史学では、「黄河文明」とは黄河流域を席捲したいわゆる「羊飼いたち」の文化で、それが太古の始まりだったとの誤謬を犯してきた。あるいは誤謬も故意の意図だったかもしれない。「新中国の考古学」は以下のように述べざるを得ないとなってきたのは、考古学実証によって事実が明白となってきたことを社会科学院も承認せざるを得ないのだろう。彼等自身が同書に述べている節句をご紹介しよう。

夏王朝が始まった時には「夏」文化は既に存在しており、また夏王朝が滅びたその日々人間が創造する物質文化がすぐさま中断したりあるいは同時に滅びてしまったわけではない。むしろ夏代の遺民たちは彼らの文化をなおも使用し、彼らの文化をつくりつづけ、そしてそれを一定の時間継続させたのである。

第五章　寒冷地帯型羊飼い

青い草があればどこへでも羊の群れを侵入させる。
その羊飼いたちは、青い草があればどこへでも侵入する。

第六章　この羊飼いたちの素性〔羌族〕

（一）羊飼いの姓名など（漢語による）

中　Zhong　〔sha-u 飼う－羊〕

商　Shang　〔sha-u 飼う－羊〕

周　Zhou　〔sha-u 飼う－羊〕

宋　Zong　〔sha-u 飼う－羊〕

習　Xi　〔sha-u 飼う－羊〕

鄭　Zheng　〔sha-u 飼う－羊〕

斉　Qi　〔sha-u 飼う－羊〕

魯　lu　〔lu- 羊〕

少林　Shou-Liao　〔sha-u 飼う－羊〕

曹　cao　〔sha-u 飼う－羊〕

左氏の「左」Zao　〔sha-u 飼う羊〕

（二）「孟子」〝助長〟のお話〔宋の人〕

前に周の時代に文化が盛えたと述べた。これを諸子百家というが、そのうち「儒家」は孔子を師として展開され「仁義」を重点主張とした。孔子は魯国の人である。彼の主張は「論語」にまとめられているといってよいが、その論点は漢族を主対象に「書経」「詩経」などにある和人〔倭人〕の性向をもっと重要視せよというもので、けっして漢族の性質に傾注せよというものではない。漢族を文化の主要な文化の荷い手と判断したものではないのである。次に取り上げる「話」を参照すればそれは明らかである。孔子の系統にある者たちとして、子思、會子、孟子中心とする一派は一般に性善説派、これに対し荀子はいわゆる性悪説を主張した派といわれる。彼等の思想がどんなものであったかは本書がここで解明する任にはない。ここでは注目すべき話として「孟子」の「助長」なる挿話を取り上げる。これは孟子の言説としてまとめられたお話である。その部分を新釈漢文大系のうちからまず掲載する。

必《かなら》ず事《こと》とする有《あ》れ。而《しか》も正《あらかじ》めすること勿《なか》れ。心《こころ》に忘《わす》るること勿《なか》れ。助《たす》けて長《ちやう》ぜしむること勿《なか》れ。宋人《そうひと》の若《ごと》く然《しか》すること無《な》かれ。宋人《そうひと》に其《そ》の苗《なへ》の長《ちやう》ぜざるを閔《うれ》へて之《これ》を揠《ぬ》く者有《ものあ》り。芒芒然《ぼうぼうぜん》として歸《かへ》り、其《そ》の人《ひと》に謂《い》ひて曰《いは》く、今日《こんにち》病《つか》る。予《われ》苗《なへ》を助《たす》けて長《ちやう》ぜしむ、と。其《そ》の子《こ》趨《はし》りて往《ゆ》きて之《これ》を視《み》れば、苗《なへ》則《すなは》ち槁《か》れたり。天下《てんか》の苗《なへ》を助《たす》けて長《ちやう》ぜしめざる者《もの》寡《すくな》し。以《もつ》て益無《えきな》しと為《な》して之《これ》を舍《す》つる者《もの》は、苗《なへ》を耘《くさぎ》らざる者《もの》なり。之《これ》を助《たす》けて長《ちやう》ぜしむる者《もの》は、苗《なへ》を揠《ぬ》く者《もの》なり。徒《ただ》に益無《えきな》きのみに非《あら》ず、而《しか》も又之《またこれ》を害《がい》す、と。

この読み下しを同書の通釈は次のような文章にしている。

（浩然の気の養い方について、孟子はつづけて言う、）「必ず常に浩然の気を養うことをつとめねばならない。しかし、何時までに効果を挙げようなどと、予期してはならない。が、常に心に忘れてはならない。といって、無理に早く浩然の気を養おうとすることはいけない。即ちあの宋の人のような真似《まね》をしてはならない。宋の人に、自分の田の苗がなかなか伸びないのを気にやんで、一本一本、心（しん）を引き抜き伸ばした者があった。そしてすっかり疲れ切って帰り、家人にむかい、『今日は疲れた。自分は苗が早く伸びるように、苗を助けて成長させてやった。』と言うので、その子は不審に思い、走って往って見ると、苗は皆枯れてしまっていた。こんな話があるが、今、浩然の気を養う人を見るに、苗を助けて長ぜしめるような馬鹿なやり方をしない者は少なく、多くは苗を助けて長ぜしめるというような無理な仕方をやって、自分を害している。といって、浩然の気を養うことを益の無い事として、すてておくような者は、ちょうど苗のまわりの雑草もぬかないで、ほうっておくようなものである。浩然の気を無理に早く養おうとするのは、ちょうど苗を早く成長させようとして、心を引っぱって抜く者である。これは益がないばかりでなく、却って害を為すものである。」と。

これは「宋」の人の話で、ここでは儒者の解釈とは異なった観点から解釈してみたい。「宋」とは殷〔商〕国の末裔が建国した国でそこの人々は誠に羊飼いである。その解釈にまず孟子の生存した時代を知っておく必要がある。彼は紀元前三七二年に生まれ、二八九年頃死亡したという。また三九〇年生まれで三〇五年になくなったなどの説もある。「宋」

国は紀元前の七世紀後半に建国され、斉が紀元前二八九年に滅亡させたらしい。そのころの宋国は周の武王が殷の紂王を誅して後、殷の帝乙の庶子で紂王の庶兄の微子啓を封じて湯の祀を奉ぜしめた国とあり、「商丘」に都したという。そこは殷〔商〕国の発祥の地である。現在の地理でいえば、河南省商丘県の南に当たる。「康王偃に至り、斉、楚、魏を破って遂に国となった」とある。その歴史の経緯をここに説明する必要はなく、宋が殷の王族の後裔であることを納得すれば十分だろう。

前に「孟子」より転載した事によって「羊飼い」がなした事件であったことを知り得るのである。そのお話を「助長」という。同語の語義を今において「成長を助ける」との行為を表して語られている。前記の語釈が明らかにしている内容からすると、宋（国）の人が植物の苗を引っぱって生長を早めようとしたところ、苗は枯れてしまったとの事件である。つまり黄河方面の羊飼いは、南方の農業で育てている植物〔作物〕のことを全く知らなかったという滑稽な、南方〔揚子江方面〕の農家の人々とは来歴が全く違っているとの文明差、違いについて説明した事件の紹介である。

第七章　〝中華民族〟などは存在しない

シナ大陸在住の民族名〔中国少数民族分布（中国人民出版社の出典の北京語を基に転載する。つまり日本語の呼称が未だないものもある）〕

- 蒙古族
- 回族
- 藏族
- 维吾尔族
- 苗族
- 彝族
- 壮族
- 布依族

・朝鮮族
・満族
・侗族
・瑶族
・白族
・土家族
・哈尼族
・哈薩克族
・傣族
・黎族
・傈僳族
・佤族
・畲族
・高山族
・拉祜族

・水族
・东乡族
・納西族
・景颇族
・柯尔克孜族
・土族
・达斡尔族
・仫佬族
・羌族
・布朗族
・撒拉族
・毛南族
・仡佬族
・锡伯族
・阿昌族

・普米族
・塔吉克族
・怒族
・乌孜别克族
・俄罗斯族
・鄂温克族
・德昂族
・保安族
・裕固族
・京族
・塔塔尔族
・独龙族
・鄂伦春族
・赫哲族
・门巴族

・珞巴族
・基诺族

附　録

数字音訓表（鳥居龍蔵の収集による）

哈尼語簡志

彝語簡志

納西語簡志

数字音訓表（鳥居龍蔵の収集による）

◎日本語	ichi 1	ni 2	san 3	shi 4	go 5	roku 6	shichi 7	hachi 8	ku 9	ju 10	
アチャロロ	チー	イヌー	ズー	シー	ウンコ	フ	シワ	ヒール	ク	ツオ	
ロロ（アプー）	チー	ウニー	スー	シー	ウン	テラ	ヒー	シン	キュー	ツー	7,8は誤記の可能性あり
黒ロロ（ナスプ）	yimm	nimm	samm	simm	úm	chómm	sim	hím	kám	chém	
リス	chim	nim	sul	lil	^{n}gul	chol	sil	hel	kul	tsum	
白ロロ（ハポー）	ch'yo	n'yo	súyo	syo	^{n}gyo	chyo		hyo	k'yo	ché'yo	
白ロロ（アライ）	té	nú	sa^{n}	li	^{n}go	ku	si	he	ku	tim	
ロロ（緑水河）	tu	^{n}ni	só	li	^{n}gu	hó	sú	hé	bū	chi	
白夷（ペイイヴァ）	tam	nim	sam	su	^{n}gu	lu	chim	pam	chin'm	sium	
白夷（穿盞存）	tum	nim	som	fum lim	sim ^{n}gum	fum	sim	lim	kúm	tuj^{a}	
黒夷（穿盞存）	tum	nim	som	lim	gúm	hom	sim	hém	bu'm	chim	
白夷（穿盞存）	tu	ni	so	li	^{n}go	ho	su	he	gu	ché	
アニ（水田・清水溝）	túm	ním	sóm	lúm	^{n}gú	kú	sí	hé	gú	^{e}bche	
西蕃（ポップ番語）	chiu	^{n}ru	sun	ji	^{n}ga	tu	ton	ché	ku	tchiu	
西蕃（古語）	chi	^{n}ni	sun	jua	^{n}ga	túo	da	je	^{n}ku	tuā	
西蕃	du	nik	suk	juk	^{n}gok	tak	sik	kuk	^{n}guk	chak	
◎タイ語	neùng	sōng	sám	shi	hǎ	hōk	chèt	pēt	kâu	sip	// sip-yet yetは1を表わす.
◎中国語（北京語）	yi	er	san	si	wu	lu	qi	ba	jiu	shi	
◎ジョージア語	erdhi	ori	sami	odhxi	xudhi	ekhvsi	shvidi	rva	zhxra	adhi	
◎中国語（広東語）	yat	yi	sām	sei	ng	luk	chat	bāt	gau	sap	// sap yat

◎参考比較（ジョージアはコーカサスの黒海沿岸の国）※小嶋作成：1998年.

哈尼語簡志

哈尼 xa31 ȵi31
豪尼 xɔ31 ȵi31
tɕha31 果
lɔ31 晒, la31
文 vẽ31
孫 suẽ33
白 fy55, pe35, pɤ31, phju55, phy55
火 mi31
信 ?
蚕 tsha31
蛇 bjɔ55
黄 sɿ55
天 ɔ31, nɔ33(=日), u31
瓜 phu55 xu31 kua31
石頭 xa31 lu33 xa31 lɔ33
扇子 tshe55 tɕhe55 tʃhe55
飯 xɔ31
折 sɿ31
魚 ŋa31
心 nɯ33 ma33, nɯ33 mɔ33
心愛 nɯ33 ga31
愛 ga31
小 ȵi55
火把灯 a55 dɔ31
籠 lɔ31
大人 tsho55 ma33
人 tsho55 za31
鶏 a31 xa33
年 lɔ33
毛 xɔ33
自 ɔ31 ze55, u31 je55
布 xa31 pha55
鹿 xe31 tse33
神仙 mɔ55 mi55

紅 ȵi55
坐 dza31
黒 na33
花 a55 je33
一 tɕhi31
二 ȵi31
三 sɔ55
四 ø31
五 ŋa31
六 ku31
七 sɿ31
八 ɕe31
九 ɣɤ31
十 tshe55
百 ja55
千 thɔ55
万 mi55
日 nɔ33
哈尼人族 xa31 ȵi31 za31
種 tɕha33, ɕa33
太陽 nɔ55 ma33 naŋ33 ma33
照 tsɿ31
越 ȵe31 e55
牛 a31 ȵu31
衣服 phe55 xɔ31
精 ɣa31, ja31 ja31 日 ɣɔ55 ɣaŋ55, u31(おい) ȵi31; sɤŋ31「サク」
新田 ɕa55 sɿ31
亮了 bja33 a55
種人 tsho55 tɕha33
明白 lɔ31 le55
虎 xa31 la31
熊 xa31 ɣɔ55
紫 mi31 khɔ31

喊(響) ɕa33
山 xɔ55 gɔ31
喝(水) dɔ55 dɔ55, ty55 tu55
年 xu31 xɔ31, xy31 khy31
鶏 a31 xa33, ja33 tɕi33, ja33 tɕi33
種(樹) ɕa33 kha33 khɔ33
樹 a55 bo55, ɔ55 tsɿ55, sɿ33 tsɿ55
水牛 y55 ny31
魚 ŋɔ31 ʃɔ31
雷 ɔ31 dɕi31, u31 dze31, u31 tʃɿ31, tshu31
雲 dza31 xɔ31, u31 dm55, u31 tu55, ȵi31 tɕhi31
水 u31 tɕu31, u55 tɕu31, y55 tʃhy31, y55 tshy31
井(水井) lɔ55 xɔ31, u55 ty31, y55 ty31
田(水田) ɕa55 de33 de33 ma33, xɔ55 ly31, ɔ55 ja55
火 mi31 dza31, mi31 dza31, mi tsɔ31
天(日) nɔ33 a55 naŋ33, ny33, ȵi33
白天 nɯ33 ɣɔ55, naŋ33 ɣaŋ55, u31 nu33
ȵi33 khu55, tu55 lu55
khu55(出)
公鶏 xa33 pha33, ja33 pha55
xa33 phi55, ja33 phi55

鳥 do31 mi31, tu31 me31, tɔ31 mi31
穗子 a55 zo31, a55 jo31, ɔ55 ji31, a31 tsɿ55
花 a55 je33, a55 ji33
漢族 pho55 ȵu55, la31 bu31
鳥窩 bu31 a55 dzi55 baŋ31, tʃɿ55 ʒu55, ŋa33 xe55
布 xa31 pha55, sa31 pha55, xɔ31 pha55, pha55
繩子 bu33 xa31 pha55, bɤ31, ɔ31 xy55, tsha ɣu31 tsɿ31, bu33 ȵi31
米 tshe55 tɕhe55 tʃhe55 fy, (phju55(白米)) phju55, tshe phy55
飯 xɔ31, xɔ31, ɔ55 ɣy31, xu31
鍋子 a55 tsa33 a55 tɕa33, a55 tʃha33, tɤ31 tshɔ33
蔬菜 ɣa55 ma33 ja ma33, ɣɔ55 mɔ33「コ乞」
盖子 kha31 phi31, xɤ31 phjɤ31, xu31 phi31, kai55 tsɿ31「ぴく」,ぴく(蓋)
鞋子 bɔ31 kɤ33 baŋ31 kɤ33, pɤ31 khɤ33
梯 lɔ55 dzɔ55, lɔ55 dzm55, tsɔ33 ky31, tɕhɔ31, tse33 ky31
燕 fe55 phe33 fe33
神 tshɔ31 sɔ55, a saŋ55, me55 su55(土地神)
喝(喝水) dɔ55 dɔ55 ty55, tu55
愛(愛小孩) ga31 tɕha31, kɔ31 ʃɿ55 mi55 ȵɔ31
pi31 tʃy31, pi31 tsy31 相信 tɕhɔ31 dʑaŋ33, ɕiɑ33 ɕi55, ɕiaŋ33 ɕi55
tʃha31 xɔ33, ɔ31 tshe55 回 ɣu31, ɣɔ31, xy31
khɔ55 u31 tɕhɔ55 te55
y31 tɕhi55, y31 tɕhi55 出(出来) du33, i55 dɔ33, ty33

晒(太陽晒) lɔ31, lɔ31 la31 li31
打雷 ɔ31 dɕi31 u31 dʑe31, u31 tʃɿ31, tshv31, dzɿ31 dʑe31, tʃɿ31, tɕhi33
浪(水浪) ɕu55 ja55 le31 kɔ31 ji55
大 xɯ31 xɤ31
小 ȵi55 nɤ55
高 bja33 pɔ31 ly31, lɤ31
蘿 be33 j33, bi33 jaŋ31, pi31 ʒu31, pi33 j31
蛇 ɔ31 lɔ55, a31 lɔ55, u55 lu55, ɣɤ55 lu55

有房儿 ɣɯ/ɣɔ：熊
綠 tʃɿ ma55 ʃa31
青(年) tsho55, zə, ɕau, za tsj

do33-u31 tu [出-雲] 南方式<ピオ トゥ?>

彝語簡志

猪 va˧(通用詞), ʑe˧(文言詞)		動 bo˩	星星 m(u)˧tɕɿ˧, tɕe˥, tɕa˧mo˧.	樹 sɿ˧bo˧, sɿ˧dzɿ˥. se˧
物 du˧	去 bo˧, ʑɿ˧	学 zo˧	雷 m(u)˧tsɿ˧, m(u)˩ɣɯ˩, m(u)˧dzi˧	絹 tʂhɯ˧, tɕhi˥, tshɿ˧
愛 ŋgu˧	知 dʑi˧	話 ho˩		瓜 kɔ˧, a˥phy˩, bə˥lə˧
魚 hɯ˧	来 la˧	書 ʑɿ˧	雲 m(u)˧ti˧, tle˧, a˥mu˩ti˥	草 ʑɿ˧.
巫師 pi˧mo	拿 ʑu˧	(牛)角 khɯ˧, o˧fu˧	雨 m(u)˧ha˧, m(u)˧ho˧, a˥mu˩ha˥	種子 l(ɿ)˩, ha˥ʂɿ˩, sɿ˥mo˩
葫蘆 bo˩li˧	赶 khu˥	牛角 ŋɯ-khɯ		線子 ŋi˧, ŋy˥, nɯ˧
天 ŋi˩	走 bo˧, ʑɿ˧	一 tshɿ˩	水 ʑɿ˧, ɣɯ˥, ʑi˩.	頭 i˧tɕhi˧, u˩dy˥, o˧gu˥
二 ŋi˩	太 kɔ˧	二 ŋi˩	河 ʑɿ˩mo˩, lu˥tʂa˧. ʑi˩mo˩	心 he˧ma˥, my˧ma˧, ne˧mo˧
蛋 mɛ˩	太大 a˧ʑɿ˧kɔ˧	三 sɔ˧		人 tsho˧, tshu˥, tsho˩
水 ʑɿ˧	大 a˥ʑe˧	四 l(ɿ)˧	海 ʂu˧, xai˩, xɯ˩mo˩	布 m(ɿ)˧sɿ˧, me˥, mi˧mi˧
橋 dzi˧	行 da˧o˥	五 ŋɯ˧	井(井水) ʑɿ˧dʑu˧(天然的) ɣɯ˥dy˩, ʑi˩du˧	縄子 tɕe˧tʂɿ˧, ɣɯ˥pu˧, sɿ˥mə˧(細), pɔ(粗)，kɯ˩tɯ˥(綾羅)
人 tsho˧	美 ndʑa˥	六 fu˥	山 bo˧, khy˥dʑɿ˩, bɯ˩	
虫 bu˧	多 太 a˥ŋi˧kɔ˧	七 ʂɿ˩	田(水田) tʂhɯ˧m(u)˧, te˥mi˥, tə˧	米 tʂhɯ˧, tɕhu˧, dza˩kha˥, dzo˩thu˧.
太陽 gɯ(文言詞), ho˧bu˧(通用詞), a˥mu˩ɣɯ˥, m(i)˩dʑy˧		八 hi˥	錫 tʂho˥, ɕi˧tsɿ˧, tɕhi˧po˧	飯 dza˧, dzɔ˩
阳.陽 pu˧	双 dzi˩	九 gu˧		茶 la˥, la˩phi˩, tɕi˧du˧
	好 mbo˩	十 tshi˧	石頭 l(u)˧ma˥, ka˥lo˧, lɔ˧mo˩.	籮筐 kha˧khɔ˧, phy˥(大), kha˧do˧,
飛 dʑi˧	種 tsɿ˧	百 ha˧	火 m(u)˩tu˥, a˥to˩, m(u)˧to˥	瓶子 phi˩ndzɿ˧, be˥, phi˩tsɿ
水.火 m(u)˧tu˥	稲 tʂhɯ˧˥	千 tu˧	年 m(u)˧khu˥(名詞), kho˩, thy˩(年令), khɔ˩	箱子 khɔ˧bo˩, ɕiaŋ˧tsɿ˧, tɤ
高.深 a˧m(u)˧	大雨 ha˥ndʑɿ˧	万 va˥		灯 tɯ˧, tẽi˧, tɔ˧xɔ˥
白 tɕhu˧	往 tɕo˥	好 mbo˩	水牛 ʑɿ˧ŋi˧, vu˥n(ɿ)˩, o˥ni˧.	火柴 ʑa˩xo˧, ʑaŋ˩xo˩, xɔ˧tshe˩
慈悲 hi˧nu˧	鳥 he˧tsɿ˧	a˧ŋa˥ 越	猫 a˥ŋe˧, a˩ni˥, a˧mie˥	球 tɕho˩, tɕhieu˩, phi˩tɕhu
青.藍 a˧vu˥	刀 do˥m(ɿ)˧	a˧ʑi˧ 智	龍 l(u)˧, lu˩, la˧	神 sɿ˧si˧, ni˩, ɕe˩
鶏 va˧, ɣa˩	肥 tshu˧	phu˩ʂu˧ 尾 (しっぽ)	熊 ɣo˧, ɣɯ˩	種(種紫) tsɿ˧, kha˧, tɔ˧
公 pu˧	互相 dʑɿ˧	飯 dza˥	公鶏 va˧pu˧, ɣa˧phu˧	績布 tʂhɿ˩, (me˥)tʂɿ˩, ɣa˧
魚 hɯ	猪 vo˥	dzɯ˧ 吃	鶏 va˧, a˥ʑi˧, ɣa˧	中(射中) zo˩, ɣa˧, me˧
彝 nɔ˧su˧	人 tsho˧	ve˥ga˧ 衣服	鳥 he˧tsɿ˧, a˥n(ɿ)˧, ŋa˧	zɔ˧
漢 he˧ŋa˥	年 khy˧	走 bo˧	魚 hɯ˧, a˩, ŋɔ˧	愛 ŋgu˧, thu˩, ndʑu˧
衣服 ve˥ga˧	清 tshe˧	ʑi˧ [洗]亮	蛇 bu˧ʂɿ˧, la˧ɕe˥, bu˧sə˧	相信 do˩ndʑɿ˧, ɕiaŋ˧ɕi˥, dʑe˩.
柴 sɿ˧	山 bo˧	火把 ma˧ku˩, to˥tsy˧	虫 bu˩di˧, vi˩, bu˧	出 du˧, do˧ʑi˥, dɔ˧, do˧thi˩ʑi˥
我 ŋa˧	花 ve˥ve˧	雨 mi˧ho˧		
燃 dʑe˧	在 dʑo˧	桃 ko˩		
雨 ma˧ha˧, m(u)˧ha˧.	窝 khɯ˧	[白] thu˧, tɕhu˧ 毛 ŋe˧, tɕhy˥.		
		天 m(u)˧, mo˧m(ɿ)˧. mu˩du˥	角 o˧fu˧, khy˥, o˧tɕhi˧	下雨 m(u)˧hu˧dʑi˩, hu˥
			尾巴 phu˩ʂu˧, me˩phe˩, mo˩so˧	高 a˧m(u)˧, mu˥tɕhi
		光明 bu˩lo˧, ba˧a˥ba˧khu˥, ka˥mine		白 a˧ɕi˧, n(ɿ)˥, nɯ
				黄 a˧ʂɿ˧, ɕe˥, sə˧

納西語彙 簡志 和即仁 姜竹儀編著 民族出版社 1985年

ba˧la˩ 衣服
dzɯ 豆腐
la˧ 老虎
ɕi˧ 人
ŋə˩ 我
xa˧ 飯
ndʑi˧ 走
xa˩ 金子
ɣɯ 牛
lɯ˧ 田
xe˧ 月
phər 白
mbu˧ 明亮
ua˧ 五
ʂər˧ 七
mbe˧ 雪
te˧ 灯
xy˩ 紅
dɯ˩ 一
ɲi˩ 二
sɯ˩ 三
lu˧ 四
phu˧ 頭
tshe˩ 十
ɲi˧ 天
ka˧(mv˧) 清
kho˧ 角
zo˧ 男
mi˥ 女
dɯ˩ 大
tɕi˥ 小
nv˥me˧ 心
v˥zi˧ 鳥
khv˥ 年
ɲi˧ 魚
ndʑy˩ 山
dʑi˩ 水

mɯ˧ 天
xɯ˩ 雨（漢称"夏"）
xua˥le˩ 猫
ʐua˧ 馬
tshɯ˥ʐu˩ 羊
ndzar˩bi˧ 森林
樹 林
kho˥pa˩ 水牛
角 寛
ma˧ʂər˩ 馬
尾 長
ɲi˧me˧ 太陽
thv˧ 出
ɲi˧me˧thu 東方
太 陽 出
mi˧ 火
ʂua˩ 高
me˧ 大
tɕhy˧ 種
tsha˩ 族
tɕhy˧tsha˩ 家族
xər 綠
ʂɯ 黄
tho˧pv˥ 布
da˧dy˧ 蚕虫
dze˧ 麦子
mɯ˥ 竹子
ɕi˩ 稲子
so˩ɲi˧ 明天
ɲi˧me˧gv˩ 西边
太 陽 入
xa˧pa˩ 漢族
na˩ɕi˧ 納西族
a 鶏
a˩ phar 鶏公
me˧ 母
ndzər˩ 樹
kha˧ 澤
ba˩ 花

ʐu˥ 玉
ʐu˩ ʐu˧
綿羊 皮
ɲi˧ 魚
xɯ˥ 海
tshi˧mi˧ 清明
tshɯ˩ 来
bɯ˧ 去
so˩ɲi˧ 明天
ndzər˩ 梨
so˩ 学
na˩ 黒
ʂu˩kə˥ 清潔
tho˧ 棉
mbu˩ 亮
tʂhua 六
xo˥ 八
ŋgv˧ 九
ɕi˧ 百
tv˩ 千
mɯ˧ 万
khɯ˩ 根
mbv˧,ua˧ 堆
sər˧ 柴
dzɯ˧ 双
ŋgv˧ 石（単位）
dʑi˩ 家
ka˩ 果
ʐə˥ 清
le˧bv˧ 白族
ne˩ 和 (and)
tv˩ 種
mbi˧ 飛
mia˩ 眼
bɯ˩ 多
fv˧,知也
ɕi˩ba˩
稲 穂
ngɯ˧ 相信

ka˧ 好
xɯ˩ 富
sɯ˧ 知道
le˥ 茶
dy˩ 地
ʐu˧ 夏（季節）
lv˧ 石
khɯ˧ 犬
kɯ²¹ 星
be³³ 雪
ndzo³¹ 橋
ŋ²¹ 銀
ʐi³³ 草
nɯ³³ 心
khɯ³³ 脚
ər³³ 銅
mɯ˧ŋgv˧, mv˧gv˧ 雷
tɕi˩,tɕi˧ 雲
xər˧,xa˧ 風
xi˧ 雨
tɕhi˥sɯ˧ 霧
ndzo˧,dzo˧ 雹子
dʑi˧xo˩,dʑi˩ 河
xɯ˥ 湖
dʑi˧kho˧,dʑi˧khar˧ 井水
gv˩ 熊
bi˩di˧,bər˧ 虫
瓜 tɕi˧kuə˩
lər˥,la˩ 種子
kv˧ly˧,ɣo˧khua˩ 頭
tshy˥tar˧,ʐa˩xo˥ 火柴
thɯ˩ 喝（喝水）
tv˩ 種（種菜）
da˩ 織（織布）
phia fv˥ 愛（愛小孩）
ndzər li˧ 晒（太陽晒）
xɯ˩gɯ˧,xi˩ge˧ 下雨
mbu˧bu˧ 光明

おわりに　スキタイ文化遺産

本来、スキタイとルーシあるいはロシアは時代的には約六〇〇年の隔たりがありそこには直接的な関係は見出しようもない。ルーシの起源となる原スラブ文化は黒海北岸の先スキタイ時代から森林草原地帯で発展したチェルノレス文化、その後のザルヴィンツィン（Zaruvintsyn）文化であるが、これはスラブ民族形成初期段階であったとみなされており（Melyukova 1989：27）、まだルーシは影も形もないのである。ルーシが歴史に登場した九～一〇世紀頃には南ロシア草原はハザル（Khazar）やアラン、ペチェネグ（Pecheneg）などの騎馬遊牧民が活躍する舞台であり、ルーシは森の民として彼等と軍事的に対峙していたのである。

すばらしい文化遺産を我々のもとに残してくれたスキタイについて正しい理解をするためにも、このような誤ったナショナリズムが広まらないことを願って本書を閉じることにしたい。

著者プロフィール

小嶋秋彦（こじまあきひこ）

1946年、長野県生まれ
早稲田大学文学部
東邦生命保険相互会社　財団法人海外技術者研修協会勤務
1988年より歴史研究に専念
1999年から2年「創世紀」執筆
2002年8月　歴史学講座「創世」開講〔草加市（古代史）〕
2006年8月　「再成塾」開講〔草加市（近世史・近代史）〕
2006年10月　歴史学講座「創世」うらわ塾
〔現さいたま塾〕開講
2009年2月　歴史学講座「創世」葛飾塾開講〔松戸市〕
2012年2月　「さいたま再成塾」開講〔さいたま市〕
2017年7月　歴史学講座「創世」狭山塾開講〔狭山市〕

［著書］
「日本創世紀：倭人の来歴と邪馬台国の時代」
(2014. 12. 25)
「神聖の系譜―メソポタミア［シュメール］ヘブライ
そして日本の古代史―」(2019. 7. 8 創英社／三省堂書店)

シナ大陸草創の記
和人は古代のシナを最初に文明開化させた漢という羊飼いの国「中国」

令和3年8月30日　初版発行

著者　小嶋秋彦
発行・発売　株式会社三省堂書店／創英社
〒101-0051　東京都千代田区神田神保町1-1
Tel：03-3291-2295　Fax：03-3292-7687
制作　プロスパー企画
印刷／製本　藤原印刷

ISBN978-4-87923-108-6 C0020